SOLUTIONS ANCIENNES DE LA QUESTION SOCIALE

LES

COMMUNAUTÉS DE FAMILLES

EN FRANCE

PAR

FRANÇOIS ESCARD

LES COMMUNAUTÉS DE FAMILLES

EN FRANCE

Par François ESCARD

Les roches volcaniques de l'Auvergne, décomposées par le travail séculaire de la nature, s'étaient revêtues d'une épaisse végétation forestière où nos pères les Celtes créèrent de bonne heure de fécondes éclaircies ; les Romains y tracèrent ensuite les routes par lesquelles ils reliaient les provinces conquises à la ville capitale de l'Empire ; avec les barbares et l'établissement du système féodal, des défrichements méthodiques avaient réduit encore le riche domaine de l'antique forêt. Toutefois, pendant de longs siècles, le Plateau Central de la France devait conserver sa riche parure végétale de pins sylvestres, de hêtres frutescents, de robustes châtaigniers, importés de Sardaigne, de chênes ; et il y a deux cents ans, malgré les coupes profondes opérées à travers la vieille forêt par l'industrie de la tonnellerie, invention gauloise, par la confection des charbons ligneux, par l'emploi fréquent du fer fondu au bois pour la taillanderie, les monts des Margerides par exemple, qui relient le Bourbonnais et le Forez à la vallée de l'Allier, abritaient sur des pentes bien boisées de nombreuses maisons rustiques soit éparses, soit agglomérées et dont les habitants se livraient à la fabrication de la coutellerie et de la papeterie, à la culture de la terre et des troupeaux, dans les abords ou au cœur même de la forêt amoindrie [1].

L'auteur de *La Ville Noire* a décrit les mœurs et raconté la vie des ouvriers couteliers de Thiers ; les ateliers ruraux de cette région méritent aussi de fixer l'attention du sociologue : on y retrouve, consacrée par le succès d'une longue durée, une organisation du travail, intermédiaire entre le clan primitif de la vie pastorale à laquelle la Gaule était restée fort longtemps attachée, et l'organisation de la famille en foyers distincts que les sociétés modernes semblent jusqu'à présent décidées à préférer.

Il est utile d'étudier de temps en temps quelques-unes de ces constitutions primordiales : on y voit plus clairement le lien social se former ou se détendre ;

---

(1) Cf. E. Maury, *Les Forêts de la Gaule*.

on y apprend à distinguer le bien d'avec le mal, quelque peu saillantes que soient d'abord leurs limites, et l'histoire voit mieux aussi où marquer le poin' de départ d'une décadence ou d'un progrès ; en un mot, l'observateur y sent comme sous le doigt les causes inhérentes ou extérieures à la race par lesquelles une société se fortifie sur la terre ou bien, au contraire, y dépérit.

Aux environs de Thiers est une contrée d'une quinzaine de lieues de superficie distribuées en plusieurs paroisses dont les habitants ont vécu, dès les temps les

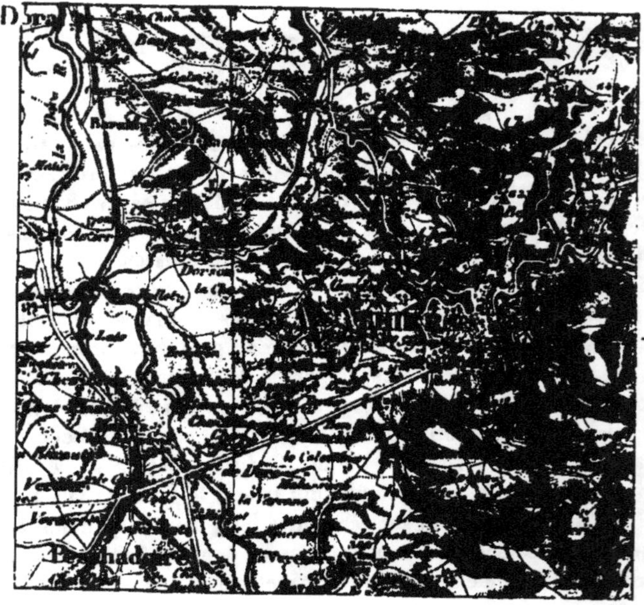

plus anciens, en communauté. Comme chez les races simples de l'antiquité, et comme chez les familles patriarcales de l'Orient, ces petits territoires, répartis d'abord en hameaux, portaient le nom de la famille qui les a, la première, possédés. Parmi ces familles qui ont plusieurs siècles de vieille roture, la plus célèbre est celle des Pinons.

Les Pinons, ou « chez Pinon », ce sont de nos jours les maisons d'un hameau paisiblement assis et reclus sur un des plus étroits plateaux des basses montagnes de Thiers, au-dessus de petits ravins et derrière quelques futaies entremêlées de prairies qui les séparent des bords de cette plaine de Limagne que Stendhal¹ appe-

<hr>

(1) « Rien ne ressemble plus aux villes et aux villages de l'Apennin, que les villes et les villages des montagnes de Thiers, de l'autre côté de la Limagne... » (Chateaubriand, *Voyage à Clermont*, août 1805.)

lait « magnificence et fertilité » et au fond de laquelle au couchant se hausse le site de Clermont.

Là, vécut pendant mille ans une association d'agriculteurs que les saines mœurs rurales avaient conservée et agrandie de génération en génération; que la célébrité alla trouver au siècle dernier, entre ses châtaigniers et ses vieux chênes, pour porter sa bonne renommée partout où pénétrait la langue française; que Chateaubriand et M⁽ᵐᵉ⁾ de Genlis ont visitée et louangée; dont les théoriciens de l'*Encyclopédie* s'étaient plu à étudier l'organisation modèle comme un thème tout fait pour leurs homélies philanthropiques; à qui des rois de France avaient donné leurs encouragements, qu'ils avaient soutenue par leurs intendants, qu'ils ont directement récompensée de ses vertus, et dont l'existence, plusieurs fois suspendue par le Code civil, a été tranchée à jamais, maintenant, par nos lois et des coutumes nouvelles.

Lorsqu'on arrivait sur les terres de la communauté, en montant de Thiers, on rencontrait d'abord, à une demi-lieue de la ville, un carrefour de routes qui toutes conduisaient à quelqu'un de ses domaines éloignés, et qui portait le nom de Croix des Pinons; il l'a conservé, jusqu'à présent, quoique le petit monument qui le lui avait fait donner en ait aujourd'hui disparu. En continuant de gravir la voie de Thiers à Moulins, le voyageur se trouvait bientôt entre deux ou trois maisons d'apparence antique, constructions simples et solides, projetées, à gauche, en avant d'un remblai, comme un petit faubourg du hameau et séparé de celui-ci par un chemin dit « chemin de Thiers au village de Pinon », dans sa partie basse, et, dans sa direction vers le nord, « chemin de Pinon à Paillères, à Puy-Guillaume et à Dorat ». Le pied sur ce chemin, entre ces premiers bâtiments, le voyageur était en face de Pinon même.

Pour y pénétrer, il lui fallait passer un grand mur de clôture, ouvert en vaste baie charretière, encadrée aujourd'hui de hauts piliers, à côté de la corniche de l'un desquels a été scellée la Croix des Pinons, arrachée à son piédestal de la route; quelques pas de plus, et il pouvait entrevoir, rangées devant lui, aux côtés d'une première cour, les habitations anciennes de la famille, que semblait commander, en face de l'entrée, une bâtisse plus élevée et plus robuste, portant sous son toit de briques une horloge solaire dessinée sur le plâtre du mur; enfin, du milieu de cette cour préliminaire pour ainsi dire, et par le passage de cette cour à la suivante, il embrassait dans son ensemble l'exemplaire peut-être le plus vénérable de ces « maisons-hameaux », que Monteil dit avoir vue construites, à l'imitation des grandes cours des villes », dans presque toutes les campagnes de France.

Autour d'un vaste terrain, naturellement penché, raboteux aussi, mais caillouté par places pour faciliter l'écoulement des eaux, c'était l'assemblage pittoresque des bâtiments propres à une importante exploitation rurale : étables, écuries, granges venaient échancrer le sol de leurs promontoires inégaux ; des toitures couvertes diversement de chaume, de tuiles ou de pierres, y jetaient leurs ombres irrégulières, les moins élevées laissant voir, derrière le mur qui fermait le large espace, du côté des vallons inférieurs, l'angle d'un immense hangar par lequel

en pouvait aller à couvert dans une arrière-cour pleine du bruit des ateliers d'industrie agricole, charronnage, forge et tonnellerie ; en face, une belle prairie, bordée de ruches ; un chemin creux, desservant les terres basses, partait de là devant un abreuvoir où les bestiaux puisaient en passant, à l'aller et au retour.

Un mouvement continuel d'œuvres réglées remplissait tout le jour ces grands espaces et chacune de ces demeures. Dès avant l'aurore, bêtes et gens, confondus d'abord et mêlés dans l'immense préau, se séparaient bientôt méthodiquement : bouviers, valets de charrue, bergers, porcher, dindonnier, marchant à leur but spécial, le labour, le pacage, ou bien les charrois dans la grande forêt de Saint-Remy qui couronne ces montagnes ; et l'on sentait, en effet, que, de même que les bâtiments anciens et les bâtiments nouveaux de la communauté se groupaient, en quelque sorte, autour de la haute construction où brillait l'aiguille de l'horloge solaire, c'était une direction déterminée, une autorité dominante et reconnue que suivaient toutes les forces de l'association ; en un mot, qu'il y avait, au centre de tant de travaux différents, l'œil et la main d'un « Maître » ; car tel était le titre donné par la communauté au chef qu'elle se choisissait.

C'était un maître et un père aussi. La communauté des Pinons s'était formée de la société de quatre familles qui se renouvelait à chaque génération, par des mariages de l'une à l'autre du troisième au troisième degré, — quelquefois du deuxième au troisième, — et par la nomination de l'héritier de chacune d'elles, du fait même des unions consenties de tous dans ce seul but. Ainsi duraient-ils depuis des siècles dans une admirable unité de biens et de pensées. Ils élisaient leur chef, le Maître ; non le plus ancien, ni le plus savant, mais le plus habile à administrer au nom de tous, et, du jour où ce choix avait été confirmé, c'était à son impulsion directe qu'obéissaient grands et petits, jeunes et vieux, hommes et femmes ; une Maîtresse seulement lui était adjointe pour le gouvernement particulier des foyers et des travaux domestiques.

Une quarantaine de personnes habitaient en moyenne le hameau de Pinon, y compris des serviteurs venus du dehors, associés en tout aux avantages de la vie commune, à l'exception des droits de famille; et plus d'une fois ce furent dix ménages constitués qui vécurent ainsi dans une participation ininterrompue d'entreprises, de peines et de joies mises en commun.

C'est par cet air de phalanstère, quoique le mot n'eût pas encore été vulgarisé, et par la réalisation que l'on crut voir là de quelques-unes des songeries du *Contrat social*, que la coterie philosophique du XVIIIe siècle se sentit attirée à parler des Pinons.

Jusqu'alors, ils avaient justifié, une fois de plus, la sage observation que les peuples heureux n'ont pas d'histoire.

Le premier écrit où il m'a été donné de rencontrer quelques renseignements détaillés pour tracer ce tableau est pourtant un recueil qui n'appartenait pas aux philosophes [1]. Je le cite presque en entier en lui empruntant les traits suivants :

« A quelques lieues de la ville de Thiers en Auvergne, est un château très grand et très logeable; c'est le chef-lieu d'une petite seigneurie, nommée par quelques-uns la baronnie de Sandon. Il y a environ quatre cents ans qu'une puissante et nombreuse famille de paysans l'acheta, y fit sa demeure, où elle s'est perpétuée de père en fils jusqu'à présent.

« Une seconde preuve de l'antiquité de cette famille, et qui n'est pas moins incontestable, c'est que, vers le même temps, ils obtinrent du Pape d'alors une dispense perpétuelle pour se marier, dans les degrés où le mariage n'est point licite sans dispense. Cette marque de considération du Saint-Père leur fait doublement honneur. Elle est une preuve de la vertueuse discipline établie de

(1) *Journal économique*, septembre 1755, p. 97; et mars 1756, p. 81. Mémoire écrit en 1739, et adressé à l'éditeur « en réponse d'un avis fait dans un de ses derniers journaux au sujet d'une association de particuliers de Thiers ».

longue main chez ces honnêtes gens, et de la crainte qu'ils avaient de l'affaiblissement de leurs règles et de leurs mœurs, en se mésalliant comme ils disent, c'est-à-dire en épousant hors de la famille. Ces deux articles leur assurent donc une roture de quatre siècles bien prouvée.

« Mais ils font remonter leur antiquité bien plus haut encore; leur tradition dit : à environ onze cents ans...

« ... Tous les droits de la paternité sont dévolus à la famille assemblée; c'est elle qui discute tous les intérêts, remédie à tous les inconvénients, décide de tous les partis à choisir, et il faut avoir vingt ans pour être admis aux délibérations. Cependant elle se choisit un chef pour lui mettre en main l'argent, les papiers et la conduite journalière des affaires. C'est pourquoi il peut seul disposer d'une dépense qui irait jusqu'à dix pistoles, et ne peut rien au delà que de l'avis de l'assemblée...

« Leur grande maxime et la base de toutes leurs règles est un respect infini  pour la famille, dont on est prévenu dès l'enfance; et mille traits dans leur histoire caractérisent ce principe.

« La seconde maxime est de ne point s'élever au-dessus de leur ancien état. Ainsi les *Pignon*, car c'est le nom de la famille, ont gardé tous les usages ordinaires aux autres paysans, pour l'habillement [1], la nourriture, le logement. Chacun d'eux se désigne par son nom de baptême, et le chef porte le titre de maître; on le nomme *maître Pignon*. Tous travaillent à la terre avec leurs domestiques.

« Tous les enfants sont élevés en commun, sans aucune distinction, par une femme qui les a en sa charge jusqu'à un certain âge. Cette femme a de plus l'intendance de la laiterie, et les domestiques qui y sont employés dépendent d'elle seule.

« Ces domestiques sont engagés à condition de suivre toutes les règles de la famille, et, sans excuse légitime, ils ne peuvent s'absenter des prières du matin

(1) Le *Bragot*, vêtement des hommes, en laine, blanc ou gris, comprenant une veste, le haut de chausses, des guêtres longues portant sur les sabots et sanglées aux mollets à l'aide de chevilles de bois ou de corne.

et du soir; sinon on leur retranche le vin. On veut de plus qu'ils remplissent exactement tous les autres devoirs que le christianisme impose...

« Les *Pignon* font de leurs biens le meilleur usage. Charitables envers les pauvres et hospitaliers, ils sont aimés, respectés, admirés. Plusieurs familles ont tenté sans succès de les imiter... sans doute parce qu'elles n'auront point posé, comme les Pignon, pour fondement du bonheur qu'ils ambitionnaient, la piété, la charité, le désintéressement, l'amour du travail et la simplicité, sans lesquels il est impossible de former une société humaine, et de se procurer la paix et l'abondance. »

L'*Encyclopédie* consacra, peu de temps après, deux ou trois de ses colonnes aux Pinons[1] : un article de M. Faiguet, trésorier de France, nous y fournit ce complément aux détails que je viens de citer :

« ... De quelque valeur que soit la portion du père sur les biens communs, ses enfants s'en voient exclus de droit, moyennant une somme fixée différemment dans chaque communauté, et qui est chez les Pignon de 500 livres pour les garçons et de 200 livres pour les filles...

« Sur le modèle de ces communautés, ne pourrait-on pas en former d'autres ? concluait le collaborateur de l'*Encyclopédie*.

« Les titres les plus anciens et les archives des principales seigneuries laissent présumer[2] la formation de ces sociétés dans des temps très reculés, mais on peut incontestablement, d'après ces titres, en assurer l'existence dès le xiiie siècle.

« Il paraît qu'alors chaque famille habitait son hameau particulier, duquel elle a tiré son nom, ou au moins auquel elle l'a donné, puisque encore aujourd'hui plusieurs existent dans le lieu même de leur origine, et qu'il n'est pas un seul habitant, originaire de la contrée, qui ne porte le nom d'un hameau subsistant ou qui ait subsisté.

« Le nombre des chefs destinés à la génération suivante une fois établi, s'il n'est pas égal à celui des chefs à remplacer ou qu'il y ait surabondance de l'un ou de l'autre sexe, on prend dans les communautés voisines les sujets qui manquent, mais on s'adresse de préférence à celles avec lesquelles on a des alliances contractées; car il est à remarquer que, lorsqu'il est question d'une alliance nouvelle, on apporte beaucoup de délicatesse dans le choix du sujet; on veut non seulement qu'il soit sain, laborieux, mais encore recommandable par l'antiquité de sa maison...

« Parmi les communautés, quelques-unes sont, pour ainsi dire, sorties de leur sphère, en employant leurs économies à faire des acquisitions, non pas d'héritages détachés, mais de domaines entiers qu'elles administrent par des

---

(1) Dans l'article *Morave*.
(2) *Cours complet d'agriculture*, par M. l'Abbé Rozier; t. VII, article *Boussbois*.

colons et métayers, et il y en a telle qui, composée de 40 à 50 membres, compte 10, 12, 15 domaines dans ses possessions.

« On sent aisément que le régime de ces sociétés doit être fondé sur l'union. »

Voltaire aussi a voulu dire son mot sur la communauté qui nous occupe. En 1765, dans son *Dictionnaire philosophique*[1], il en proposait l'idéal comme difficile à atteindre et à conserver surtout ; car, le patriarche de Ferney le voyait avec les yeux de son siècle, et à travers les contemporains dissolus qu'il n'avait pas peu contribué à pervertir.

Tous les auteurs précédemment cités l'ont dit : les enfants de la communauté inutiles à la propagation de ses branches maîtresses pouvaient épouser au dehors ; c'était leur droit acquis ; mais voici ce qui se passait à l'égard de celui qui, refusant d'accomplir son devoir envers la famille, résistait au mariage projeté pour lui, d'une branche à l'autre, afin de sauvegarder la forme constitutionnelle de la communauté :

Un matin, en présence de toute la famille assemblée au milieu du grand préau, le Maître l'appelait une dernière fois à répondre au vœu formé par sa parenté ; puis, après son nouveau refus, il lui disait encore une fois l'origine de sa maison, et lui faisait le récit, conservé de bouche en bouche et des pères aux enfants, de la fondation, de la naissance des Pinons, telle que la femme du dernier Maître l'a conservé jusqu'à nous.

« Il y a bien longtemps[2], lui disait-il, plus de mille ans, qu'un homme, père d'une nombreuse famille, conseilla à ses enfants de ne point se séparer, afin que leurs biens ne se séparassent pas ; qu'ils seraient plus forts, plus riches, si, au lieu de prendre, l'un un brin d'herbe, l'autre un fagot, ils mangeaient ensemble leur herbe, et brûlaient ensemble leurs fagots. Ils donnèrent leur foi d'obéir, pour eux et leurs enfants, à ces vœux, et de leur répéter les conseils qu'il leur donnait. Le père étant mort, ils élurent, pour le remplacer et lui obéir, leur frère aîné, et, les enfants de leurs enfants ayant suivi leur exemple, réuni leurs bras pour se défendre et travailler, leurs gerbes dans le même grenier, leurs herbes dans la même grange, leur bois sous le même hangar, ont été forts, hospitaliers ; ils ont bien vécu et iront en Paradis[3]. »

De tels souvenirs attendrissaient quelquefois l'âme du révolté, et ces cas d'exclusion ont été rares ; que si, au contraire, il persévérait dans son égoïsme

(1) Article *Économie domestique.*

(2) « Mazuer a cru découvrir l'origine des communautés au xe siècle ; mais Baluze, d'accord sur ce point avec le père Anselme, place le berceau de ces sociétés sous la race carlovingienne. C'est vers la fin du viiie siècle qu'apparaît celle des Pinons. Une charte du prieuré de Sauxillange de 962 fait remonter la date de sa formation à l'année 780, et déclare qu'elle est tributaire du seigneur Étienne, vicomte de Thiers. » (*Tablettes historiques d'Auvergne*, 4e année, p. 568 et suiv. ; étude de M. Petit-Monséjour.)

(3) H. Doniol, *Voyage pittoresque dans l'ancienne Auvergne.* (Dans : *L'Ancienne Auvergne et le Velay*, t. III, p. 112.)

et son injustice, le Maître, armé de toute la courageuse sévérité d'un chef de famille chargé de son salut, lui remettait d'abord ses meilleures hardes; ensuite, dans une bourse, la somme qu'il aurait reçue pour s'établir au dehors; il ajoutait à ces dons un bâton noueux fraîchement coupé pour l'exilé, puis, le conduisant jusqu'au seuil de la dernière porte, il le poussait au delà, et, avec un geste : « Tu ne la repasseras plus », achevait-il; et il la refermait pour toujours sur lui. Excommunié de la loi de sa race, l'*outlaw* était banni à jamais des terres des Pinons; bien plus, les autres communautés restaient aussi fermées pour lui; aucune alliance ne lui était possible et il quittait bientôt le pays.

Acte cruel, semble-t-il, et procédé tout à fait barbare qu'une telle expulsion. — Qu'on se reporte toutefois par la pensée vers la source même des communautés, à ce besoin de s'assurer la sécurité de l'existence et le nombre nécessaire de bras valides, première obligation des sociétés naissantes; qu'on retourne, par la pensée, en arrière de dix siècles, comme le faisaient ces pères de famille chaque fois qu'ils durent avoir recours à tant de rigueur, peut-être trouvera-t-on quelques motifs de se montrer moins rigoureux pour eux.

« Dans un pays montagneux, souvent difficile, quelquefois escarpé, l'exploitation des fonds exige des secours continuels, — remarque l'abbé Rozier déjà cité, — et il est bien rare qu'un homme puisse travailler seul. » Cela fut vrai de presque toute la terre gauloise pendant bien longtemps. Aussi, la Gaule, comme la plupart des peuples antiques[1], et comme les races slaves de nos jours[2], la Gaule connaissait depuis longtemps des sociétés de laboureurs qui avaient précédé la conquête romaine; le partage égal des terres de la famille, tel qu'il régnait dans les tribus celtiques, avait fatalement nécessité cette forme d'association.

Plus tard, ce fut surtout le besoin de se défendre qui devint une très grande cause d'association, « tandis que la force avide et brutale errait incessamment sur le territoire, réduisant les pauvres à la servitude, les riches à la pauvreté[3] ». L'habitude de mettre d'abord le produit de ses travaux en commun pour le mieux protéger ensemble, et, ensuite, les travaux eux-mêmes; « l'économie qui en résulta, l'espoir de se succéder après s'être unis, maintinrent la solidité du nœud primitif ».

L'organisation féodale de la France intervint heureusement pour asseoir le régime des communautés.

On sait bien maintenant que c'est dans le sens de leur protection même que « les colons ne devaient jamais être vendus sans la terre », afin que du travail

---

(1) Voyez *Les institutions civiles et le droit à Sparte*, par Claudio Jannet. p. 80 et suiv., édition de 1863, et nouvelle édition, Paris, 1880, p. 88 et suiv.

(2) Cf. Le Play, *Les Ouvriers Européens*, t. IV, 1, 22.

(3) Guizot, *Grégoire de Tours*. (Dans *Plutarque français*. t. I, p. 13.)

et des ressources leur fussent toujours assurés; avec les champs qu'ils avaient quelquefois défrichés, et, dans beaucoup de cas, cultivés héréditairement de père en fils; or, par cette permanence d'engagements réciproques, le propriétaire de la terre s'assurait du même coup une coopération durable de la part de ses serviteurs. Ce n'était là qu'un premier pas et qu'une première garantie de sécurité; car les familles s'éteignent, leurs membres perdent leur énergie première, et le sol fécondé redevient parfois le désert. Que fallait-il donc en outre? Que par l'association des tenanciers entre eux, l'unité de l'atelier agricole fût assuré, et qu'il n'y eût plus jamais de succession ouverte; que la mort de l'un ou de plusieurs même des associés n'amenât plus le fractionnement des tenures. En effet, dès que les communautés de familles eurent été instituées, elles devinrent à ce point héréditaires qu'on ne peut plus trouver la date précise où les hommes, successivement serfs, fermiers, métayers, sont devenus intégralement propriétaires du sol sur lequel leurs générations s'étaient développées, à l'abri du château ou du couvent, et si privilégiées que « toutes conventions qui auraient été nulles en tout autre état prenaient force dans celui-ci ».

L'association avait eu pour symbole significatif le pain, d'où les associés étaient appelés quelquefois *compains*, *compagnons*, et la communauté *compagnie*[1]; comme la mort de quelques-uns d'entre eux ne les dissolvait pas, mais seulement leur volonté générale, c'était par une cérémonie symbolique que la séparation était consentie : le plus vieux prenait un couteau, partageait le grand pain en plusieurs chanteaux, en donnait un à chacun des « partçonniers », et tous s'éloignaient vers de nouvelles voies, pourvus de ce viatique.

Ces familles, ce n'est plus contestable, s'enrichissaient rapidement; une grande simplicité de mœurs en favorisait la fortune; sacrifiant tout à l'unité, rapportant leurs soins confondus au développement général de la communauté, dépensant et conservant « comme vraies familles et collèges[2] », leur prospérité fut bien vite générale; se choisissant des chefs habiles à administrer, conçus, on peut dire, et élevés pour la magistrature familiale de Maitre, clef de voûte et tutelle de la communauté, elles marchèrent droit au bien-être d'abord, à l'importance presque tout de suite. Les rites qui, chez les Pinons, accompagnaient l'investiture de cette fonction suprême, nous reportent au pénible point de départ de toutes ces communautés. En face de la cour des ateliers professionnels que séparait des ruches le chemin d'exploitation que j'ai essayé de décrire était, chez les Pinons, une vaste prairie, je l'ai dit. dont un chêne. qui n'avait plus d'âge, couvrait le centre dans sa plus grande partie; c'était le « coudeire »; là se

<hr>

(1) « Les classes rurales, en passant de la servitude au servage, s'élevaient non seulement dans l'ordre social. mais aussi dans l'ordre économique. Le serf, en conquérant le droit de stabilité. posait le premier jalon de la longue série de ses progrès. » (V. Brants, *Revue de Louvain*, décembre 1879, p. 605.)

(2) Voyez Pasquier, *Recherches de la France*, l. VIII, ch. xxiv.

(3) Guy Coquille, sur *Nivernais*.

tenaient les grandes réunions de voisinage, les assemblées de fêtes votives, car Pinon avait sa fête particulière où tous venants et passants recevaient une large hospitalité. Un jour de fête, au retour de la messe de Thiers, le futur Maître était amené sous ce patriarche des arbres de la contrée. On voit de là, vers le levant, « à jour », comme disent les vieux papiers des Pinons, s'enfuir doucement les montagnes du Forez; « à midi », la Limagne, culture de neuf lieues de long, toute découpée en moissons, prairies, vignes, et parsemée de villages charmants comme des villas reflétées dans l'Allier; à droite, « à nuit », c'est-à-dire au couchant, les dômes d'Auvergne, jusqu'au fond noir de la vallée de Chaudefour; on sait qu' « à bise », au nord, s'étage en grand amphithéâtre dominant le plateau des Pinons, la forêt de Saint-Rémy. C'est devant ce spectacle grandiose que s'accomplissait l'élection; on se consultait, on choisissait silencieusement; puis, le préféré était interrogé sur l'acceptation de la charge qu'on voulait lui confier; sur une réponse affirmative, et séance tenante, la direction de la communauté lui était remise, verbalement, d'abord, mais plus tard par écrit; l'acte qui en contenait les clauses nécessaires, avec les signatures de la plupart des membres de l'association, lui était donné, et c'était armé de cette charte qu'il promettait de bien la servir pour en être docilement obéi; il racontait ensuite ce qu'il savait de l'histoire de la famille, il proposait dès ce moment les modifications à introduire, s'il y avait lieu, dans ses travaux, et une fête toute domestique terminait la cérémonie. Dès ce jour, l'adhérence de tous devenait plus forte, car on échappait encore une fois au partage, à l'application du terrible adage juridique primordial : « Un party, tout est party, et le chanteau part le vilain[1] »; une fois encore, ils pouvaient dire : « Nos sabots et notre foi sont au Maître, mais le Maître est pour tous; nous n'avons besoin, avec nos coutumes, que des bénédictions du bon Dieu! »

Au xive siècle, la richesse des Pinons s'était accrue dans une proportion notable; ils avaient acquis certainement toutes leurs terres immédiates à la suite des Croisades, et racheté leurs redevances; devenus plus tard propriétaires en titre du domaine d'Aussandon dont le premier historien cité des Pinons nous a parlé, ils renouvellent en partie leurs constructions rurales. Quelques autres domaines entrèrent aussi dans la communauté, après les guerres civiles et religieuses du xvie siècle, entre autres un moulin sis sur la Durole, près Thiers, et dont les chanoines de cette ville furent longtemps les fermiers; de plus, leurs traditions font remonter à cette époque le don ou la conquête de deux épées conservées dans la famille, et qui leur vinrent, disent-ils, d'un seigneur voisin (près duquel ils avaient peut-être combattu) et qui aima mieux les leur laisser avec ses biens, qu'aux ennemis, tandis qu'une autre version les attribue aux gains d'une rencontre que les membres de la communauté eurent à soutenir seuls contre un lieu-

____

(1) Loysel, *Institutions coutumières*, l. 1, tit. 1, n° 78.

tenant du fameux baron des Adrets, qu'ils forcèrent à s'enfuir. Si légitimement ambitieux de participer de plus près aux bienfaits de la vie sociale, ils avaient voulu atteindre à la bourgeoisie....

A la suite de morts nombreuses. sans doute, une des branches menaçant de s'éteindre, vers 1600, un gendre du nom de Quittard avait dû être admis dans la famille des Pinons pour la régénérer; probablement dès son entrée, il avait été nommé Maitre; la plupart des constructions qui sont restées debout jusqu'à nos jours datent de cette époque; au-dessus du pressoir, par exemple, une épaisse solive de chêne porte, gravée, avec la date de 1623, cette recommandation aux propriétaires : « Vous qui lez joissez, priez Dieu pour les trépassés. »

Vers le début du xvııı° siècle, était intendant d'Auvergne M. Leblanc, qui eut l'occasion d'ouïr la réputation des Quittard-Pinon; il les visita, fut charmé de leur accueil, et les avait vu passer outre plus d'une fois à ses offres de services, lorsqu'un jour qu'il était rentré à Paris, au ministère de la guerre, il ne fut pas peu surpris de voir annnocer l'arrivée chez lui de Maitre Pinon en personne. Le Maitre Pinon venait solliciter, et il venait en même temps intéresser M. Leblanc à sa cause, un procès entamé depuis longtemps, pour obtenir réduction de tailles en faveur de la communauté. Il était parti à cheval, il devait s'en retourner de même, après avoir obtenu promesse de M. Leblanc que l'affaire serait justement plaidée. En effet, M. l'intendant avait souvent parlé au roi de la communauté auvergnate; mis au courant de cette démarche. Louis XIV voulut voir le représentant des antiques Pinons; il le reçut et lui promit qu'à l'avenir les taxes de la communauté ne dépasseraient jamais 600 livres, quelle que fût la fortune des Pinons. Le jour n'était pas loin qui devait être le plus glorieux pour la famille des Quittard-Pinon. Un des successeurs de l'intendant Leblanc fut le sieur Chazerat (1773-1789), qui, de son domaine princier de Ligones en Limagne, maintes fois, comme son prédécesseur, avait joui de l'hospitalité cordiale et respectueuse des Pinons : maintes fois la grande table de famille avait été dressée en son honneur, à l'ombre du grand hangar, en vue des prés et de la plaine, et il rapportait chaque fois de ses visites un meilleur sentiment et comme de l'affection pour ses hôtes campagnards. Un jour, à la cour, il s'entretenait d'eux avec Louis XVI : tous les écrits que j'ai cités avaient paru depuis le commencement du siècle; le nom de Pinon était répété, et le marquis de Mirabeau se voyait emprunter les lignes tracées sur eux par l'*Ami des hommes* pour un livre qui s'appelait *les Vertus du peuple* et qui portait leur notoriété même à l'étranger. (Ce livre a été imprimé à Neuchâtel.) Louis XVI voulut consacrer, pour ainsi dire officiellement, tant de persévérance dans le bien. Sa Majesté autorisa l'intendant Chazerat à les en récompenser, à son gré, en son nom. Celui-ci s'adjoignit Legrand d'Aussy, le savant auteur de la *Vie privée des Français*. Par leurs soins, une ceinture décorative fut faite dans la capitale : velours bleu bordé du même violet; plaque à l'écu de France, or et argent, ornée de trophées gravés, empruntés aux travaux de la vie rurale, gerbe d'épis, fruits, instruments, outils ; au-dessous ces vers :

> Chazerat, de l'Etat obtint cette ceinture ;
> Les Pinons en sont revêtus ;
> Elle honore l'agriculture,
> Elle est le prix de leurs vertus.

Chazerat s'empressa d'ajouter à son intervention pour ses amis, en demandant d'être parrain « représenté », de l'un de leurs enfants, le 28 avril 1789 : « marraine a été dame Gilberte Rollé, épouse dudit sieur Chazerat, représentée... » Les états généraux sont assemblés le mois suivant, et le nouvel ordre de choses commence. L'ami de Chazerat, Legrand d'Aussy, déjà nommé, n'eut que le temps de peindre la communauté des Pinons dans des pages qu'il faut relire en partie, avant de se séparer d'eux, et la Révolution arriva pour les emporter avec tous ces respectables souvenirs [1] ; c'était le moment de sa  plus grande prospérité ; elle comptait une quarantaine de membres, et une fortune de 600,000 livres. Elle était un modèle de bonheur dans le travail.

« Pinon, dans certains départements, ne serait regardée que comme une ferme assez médiocre, puisqu'elle n'avait à l'époque de mon voyage — dit Legrand d'Aussy [2] — que trois paires de bœufs, trente vaches et quatre-vingts moutons. Ce qui peut distinguer celle-ci, ce sont des bâtiments très bien entretenus et un extérieur d'aisance qui annonce des fermiers riches. Les chaises sont en paille ; les chambres, les lits, les coffres et armoires sont en bois de sapin. Le Maître seul a une armoire en chêne et noyer. Il avait, en outre, une montre en argent provenue de la succession d'un oncle qui avait quitté Pinon et était devenu chanoine à Clermont. Cette montre était la seule chose qui le distinguât des autres ; du reste, tout ce qui leur sert, tout ce qu'ils portent, linge, meubles, habits, chaussures, est fait par eux ou par leur femmes. Faut-il construire un bâtiment, couvrir un toit, fabriquer des instruments d'agriculture, des tonneaux de vendanges, etc... ? Ils n'ont recours à personne : eux seuls, avec leurs domestiques remplissent les différents métiers qui leur sont nécessaires : ils n'emploient aucun ouvrier, et n'achètent guère que du fer et du sel.

« Indépendamment de la propriété du hameau, les Guittards possèdent encore un bois, un jardin, des terres, des vignobles et beaucoup de châtaigniers.

---

(1) « Ces couvents de laboureurs mariés qui réunissaient ensemble une vingtaine de familles... parentes entre elles, sous la direction d'un chef qu'elles élisaient, avaient pourtant, sans aucun doute, de grands avantages économiques. » (Michelet, *le Peuple*, p. 297.)

(2) *Voyage en Auvergne fait en 1788.*

« Mais, outre que leurs terres sont pauvres et qu'elles ne rapportent que du seigle, les trente-deux bouches qu'ils ont à nourrir consomment toute leur récolte et ne leur permettent pas d'en vendre. D'ailleurs, ces cultivateurs respectables par leurs mœurs et par leur vie laborieuse, font encore dans le lieu de leur séjour des charités immenses.

« Toutes les fois que leur ouvrage n'exige point qu'ils soient séparés, ils travaillent ensemble. Il y a pour les repas un lieu commun : c'est une grande et vaste cuisine tenue très proprement. Suivant l'usage antique, les hommes y sont servis par les femmes, et celles-ci ne s'assoient même jamais à table que quand ils ont fini leur repas : elles mangent debout.

« Dans la cuisine on a pratiqué une niche qui forme en quelque façon chapelle, et qui contient un christ et une vierge. Là, tous les soirs après le souper, on fait la prière en commun; mais cette prière n'a lieu que le soir. Le matin chacun fait la sienne en particulier, parce que la plupart des travaux étant différents, les heures de lever le sont aussi.

« Jamais pauvre ne se présente chez eux sans y être reçu, jamais il n'en sort sans avoir été nourri : on lui donne de la soupe et du pain. S'il veut passer la nuit, il trouve à coucher; il y a même dans la ferme une chambre particulière destinée à cet usage. En hiver, on pousse l'humanité plus loin encore : les pauvres alors sont logés dans le fournil, et, en les nourrissant, on leur procure de plus une sorte de chauffoir qui les garantit du froid.

Les détails intérieurs de la maison sont confiés à une femme. Le département de celle-ci est la basse-cour, la cuisine, le linge, les habillements, etc... ; elle porte le titre de Maîtresse. Elle commande aux femmes, comme le Maître commande aux hommes. Ainsi que lui, on la choisit à la pluralité des suffrages, et, ainsi que lui, on peut la déposer. — Mais le bon sens naturel a dit à ces simples paysans que si la Maîtresse se trouvait être femme ou sœur du Maître, et que ces deux préposés manquassent à la probité nécessaire à leur gestion, tous deux réunis auraient trop d'avantage pour nuire à la chose publique. En conséquence, et pour prévenir cet abus, par une des lois constitutives de ce petit État, il est réglé que jamais la Maîtresse ne sera prise dans le même ménage que le maître. — Celui-ci, comme son titre l'annonce, a l'inspection générale, et jouit du droit de conseil et de réprimande. Partout il occupe la place d'honneur. S'il marie son fils, la communauté donne une fête, à laquelle sont invitées les communautés voisines; mais ce fils n'est, comme les autres, qu'un membre de la république, il ne jouit d'aucun privilège particulier, et, quand son père meurt, il ne succède point à sa dignité, à moins qu'on ne l'en trouve digne, et qu'il ne mérite d'être élu à son tour.

« On ignore si, par un heureux oubli, écrivait Mme de Genlis dans le commencement de notre siècle, la Révolution a laissé subsister sur la montagne l'ordre, la paix et un bonheur d'autant plus pur que la religion et la piété filiale en étaient la base. » En effet, la Révolution ne fut pas directement cruelle pour les Pinons; il fallut bien enterrer la ceinture parée de fleurs de lis; quelques mauvais moments vinrent bien menacer la famille; mais on la voit cependant garder sa prééminence sur ses compatriotes des champs; en 1791 encore, un de ses membres est notable et vérificateur des pouvoirs d'un conseiller municipal, comme élu représentant le corps des habitants de la campagne; on peut sans trop de danger cacher à Pinon M. de Barante, et, quand il est prisonnier à Thiers, faciliter à Mme de Barante le voyage de Dorat à la prison, en cachant la femme du prisonnier à Pinon, la nuit. — Mais les lois furent moins généreuses.

« Cette espèce de république champêtre » qui ressemblait assez à un ancien clan d'Ecosse, a survécu à la Révolution, disait Chateaubriand[1], mais elle est au moment de se dissoudre. »

Elle se maintint pourtant, par l'énergie acquise, jusqu'en 1819.

En 1816, les nombreuses pertes d'hommes que lui avaient causées les guerres de la Révolution et de l'Empire l'avaient amenée à faire entrer pour gendre dans la communauté un étranger; avec l'étranger entrait cette fois véritablement la perte de l'unité : il représentait un esprit nouveau, et il devait lui suffire de faire un jour appel, dans un sentiment égoïste, à la loi qui oblige au partage des successions, loi de tyrannie[2] qui ne pouvait produire que discorde et rébellion. Qu'on juge ici encore l'arbre par ses fruits.

Né en plaine, « limagnier, » comme disent encore, non sans dédain, les montagnards; ne sachant pas s'unir de cœur et d'âme tout entier à sa famille adoptive, comme il s'était associé à ses richesses, il représentait, par ses rapports de commerce avec quelques grandes villes, l'élément corrompu du pays. Il possédait des biens particuliers qu'il géra mal, dut emprunter, ne put payer, se vit ruiné, et, le Code civil à la main, demanda un premier partage qui fut aussitôt suivi d'une liquidation générale, homologuée, sur rapport d'experts du 16 octobre 1818, par jugement du tribunal de Thiers du 20 janvier 1820.

D'autres partages ont suivi; la ceinture même a été disputée entre plusieurs branches de la société des Pinons; elle est restée aux mains du véritable héritier de leur sang et de leur sagesse, chez lequel nous l'avons vue à Pinon, en 1892, avec les papiers de la famille; mais les biens de la communauté vont se dispersant, depuis un nouveau partage fait en 1846; une dernière répartition vint encore, en 1878, diminuer les parts de ses descendants.

Aujourd'hui, la grande table patriarcale est elle-même en pièces; on en a établi deux portes en fine menuiserie pour une maison de construction moins rustique.

(1) *Voyage à Clermont*, août 1805.

(2) « Elle est bien digne d'attention, cette parole de Dion Cassius : La Coutume est un Roi, et la Loi, un Tyran » (Vico : *Œuvres choisies*.)

Qui ne consentirait à regretter ces mœurs fécondes disparues et à se plaindre de ce qu'elles ne semblent plus possibles à rétablir parmi nous pour la plus grande sauvegarde des faibles et des imprévoyants que l'humanité compte toujours en si grand nombre? Au milieu de ces laborieux et charitables paysans, où étaient-ils, ces « certains animaux farouches » que, d'après La Bruyère[1], il est si habituel et si habile autour de nous de croire tels qu'il nous les a dépeints?

Regardons-les encore, en pensée du moins, ces Pinons, le dimanche de Pâques, par exemple, la bannière de la communauté en tête, sortant de l'église, revêtus de leurs vestes de drap blanc, sous le large chapeau paré de buis d'Auvergne, et ayant le pas, derrière le prêtre, sur tous les officiers royaux et municipaux; et rappelons-nous aussi que La Bruyère lui-même a fait, sans y penser, l'éloge de leurs ancêtres et d'eux tous, quand, après avoir constaté la difficulté d'unir entre eux quelques hommes, il proclame le grand mérite de ceux qui surent perpétuer, avec la paix, une si féconde unité[2].

La plus grande objection qu'on ait jusqu'ici adressée au rétablissement des communautés de famille, c'est qu'elles étaient utiles surtout aux individualités inférieures, et ne pouvaient que paralyser l'effort des esprits plus éminents. Cependant, cette antique institution à laquelle tant de populations agricoles françaises avaient confié le soin de leurs destinées, porta fidèlement leur fortune à un degré éminent de richesse, et en même temps, pour celle qui fait plus spécialement l'objet de cette étude, au plus haut point de considération, de gloire même, on l'a vu. D'ailleurs, l'objet principal de toute société humaine n'est-il pas précisément pour les faibles, d'en obtenir l'aide qui leur est indispensable pour ne pas périr; pour les forts, d'y trouver justement les moyens d'exercer cette tutelle qui est leur raison d'être et qui leur sera toujours commandée? Tout au moins ces sentiments représentent-ils l'idéal propre de la société chrétienne. Mais qui ne sent que la décadence d'un esprit d'association, protecteur de tant d'âges et de races, est dû surtout à l'affaiblissement de l'esprit chrétien dans notre pays, et qu'il ne nous sera permis de les y revoir que l'un près de l'autre, pour y recevoir ensemble les honneurs dont ils s'y trouvaient entourés jadis?

En quel temps aura-t-on parlé autant qu'au nôtre, de mutualité, d'association, de solidarité? Jamais pourtant un pareil éparpillement des forces sociales, dans la vie domestique comme dans la vie civile, ne se sera manifesté à l'observateur même le plus inattentif. Ne serait-ce point parce que nous manquons des institutions qui correspondent à ces beaux mots, que nous les prononçons plus

(1) La Bruyère, *Caractères*, l. XI, *De l'homme.*

(2) Id., *ibid.* Quelques paragraphes au-dessus du passage si célèbre de La Bruyère, il disait dans le même chapitre : « Si certains morts revenaient au monde, et s'ils voyaient leurs grands noms portés et leurs terres les mieux titrées, avec leurs châteaux et leurs maisons antiques possédés par des gens dont les pères étaient les métayers, quelle opinion pourraient-ils avoir de notre siècle. » — Ne dirait-on pas, d'après ce passage, que l'auteur des *Caractères* connaissait l'acquisition du domaine et du château d'Aussandon faite par notre communauté de Q.-P...!

souvent; il est certain du moins que si, dans les temps passés, on n'en abusait pas, c'est qu'on en pratiquait la réalité, dans notre pays en particulier[1], par des coutumes que d'autres peuples ont su conserver ou restaurer pour leur bonheur.

La libre et jeune Amérique avait déjà jugé nécessaire, dès la première moitié de ce siècle, de donner au foyer familial de ses citoyens une sécurité et une stabilité plus grandes, et appliquant à cet objet des pratiques nouvelles, elle avait commencé d'établir chez elle en 1839 le régime du « homestead », dont voici l'économie[2].

Tout Citoyen américain, — Chef de famille, — Possesseur d'un foyer, — à quelque titre que ce soit a le droit, — s'il en fait la Déclaration expresse, de couvrir du privilège de l'insaisissabilité, sa demeure et la terre y attenant, pourvu qu'il prenne l'Engagement d'habiter cette maison, de cultiver ce domaine. Ces six conditions remplies, cette propriété par une sorte d'extension de l'article 592 de notre Code de procédure[3] est considérée par la loi du homestead comme le « vêtement » de bois ou de pierre, et comme l' « instrument de travail » du déclarant, et dans cette interprétation inaccessible à toute revendication, soit de l'Etat, soit d'aucun particulier.

Exception est faite pour les obligations contractées avant le vote de la loi du homestead (1862); pour le paiement de certaines amendes et de l'impôt, et quant aux dettes ayant pour objet la propriété du homestead lui-même et son amélioration.

Les droits des créanciers restent entiers pour être exercés utilement à la mort du propriétaire et de son conjoint, et lorsque, en outre, tous les enfants ont atteint l'âge de la majorité : « morte la famille, mort le homestead »; le paiement des dettes et le partage se font alors selon les règles de chaque Etat.

Les membres de la famille protégés ainsi par le homestead, pendant la vie du homesteader, jusqu'à la mort de la femme et, après la mort du conjoint survivant, jusqu'à la majorité de tous les enfants, forment une sorte de « communauté de personnes qui, selon l'expression de nos anciennes coutumes, vivent au même pot et chanteau et sont placées sous l'autorité d'un même chef de famille, d'un même *pater familias*, disait la loi romaine, d'un même maître de maison (*householder*), selon l'expression des statuts américains.

Si le « homestead » est insaisissable, il n'est pas inaliénable et, à la condition

---

(1) « Anciennement, la communauté tacite... à commune bourse et depense, était d'une pratique universelle dans le royaume. » (Valin, sur *La Rochelle*.) — « La géographie coutumière en conserve les traces dans les provinces les plus opposées d'usages et de mœurs. » (Troplong, *le Code ciril, du Contrat de société*, préface, p. 7 et suiv.)

(2) Cf. *Le Homestead, le Foyer de famille insaisissable*, par Louis A. Corniquet, docteur en droit, avocat à la Cour de Paris. — Paris, A. Durand et Pedone-Lauriel, 1895, in-12. — *L'Economiste français* (art. de M. E. Levasseur), n° du 23 juin 1894. — *Journal des Débats* (art. de M. Leroy-Beaulieu), n° du 25 juin 1894, Éd. blanche.

(3) Cf. Code de procédure civile, art. 592 : « Ne pourront être saisis... 2° le coucher nécessaire... les habits; les machines et instruments, etc... 6° les outils...

de l'assentiment de la femme, la plupart des Etats de l'Union ont laissé au chef de famille le droit d'aliénation, auquel cas le privilège disparaîtrait.

Le homestead, il est vrai, n'assure par lui-même la sécurité d'une famille que pour une génération ; mais les Etats-Unis d'Amérique jouissent de la liberté testamentaire, et en combinant celle-ci avec le privilège du homestead, elle donne au père de famille le moyen de transmettre son foyer à son conjoint d'abord, puis à celui de ses enfants qui lui parait le plus capable d'être un chef utile pour le reste de la famille, et de perpétuer ainsi, d'une génération à l'autre, par l'application continue du homestead, la possession de cette sauvegarde commune qui est le foyer familial. « *The home is a castle* — le foyer est un château fort », — peut dire l'Américain; et en effet, — on ne saurait trop le répéter, et sous toutes les formes possibles, — la pierre angulaire de toute patrie est le foyer. La société générale ne peut être durable et prospère que si elle a pu établir ses fondements sur la force et la sécurité de familles nombreuses au sein desquelles puisse s'élaborer amplement « l'homme de la nature », pour parler comme Rousseau, et librement s'opérer sa transmutation en homme social.

En Europe, la jeune Italie se propose de nous donner prochainement l'exemple d'une revision de son Code civil, au point de vue de la transmission de la propriété foncière, et il est intéressant au premier chef de connaître comment le nouveau régime de la vieille péninsule résoudra cette question pour l'avenir.

Au moment des troubles agraires de la Sicile, il y a deux ans, M. Botelli, ministre de l'agriculture, introduisit dans un projet de loi partiel quelques timides propositions relatives à la consolidation des héritages (*Provedimenti per l'Isola di Sardegna*) ; et le 10 mars 1894, M. Benjamin Pandolfi, député, a présenté à la Chambre italienne un projet de loi pour l'institution des « biens de famille ». Cette proposition, attentivement étudiée, fut prise en considération; examinée dans les bureaux, elle a été acceptée dans son ensemble, et elle viendra probablement en discussion [1].

Considérant d'abord que la destruction de la famille commence toujours par la destruction de la propriété (l'histoire des Quittard-Pinon qu'on vient de lire ne le démontre que trop bien), l'auteur de la loi s'est proposé d'affermir d'abord, entre les mains de cette collectivité naturelle, la possession des biens utiles à sa subsistance et à son développement; il propose, en conséquence, qu'il soit institué, — ou conservé dans chaque famille — sous le nom de *masseria*, un bien irréductible dont le chef ne sera en quelque sorte que le propriétaire fidéicommissaire, et qu'il aura à transmettre indivis à ses descendants. A la mort du père de famille, l'aîné ou celui des enfants ou parents qu'il aura choisi pour

(1) *Atti parlementari*, Chambre des députés, xviii, proposition de lois, n° 338. (Rapport de la commission parlementaire sur la proposition Pandolfi, séance du 28 juin 1894.) — Pour cette question conférer *Réforme sociale*, livr. du 1er novembre 1894. — *L'Institution des biens de famille en Italie*, par le professeur Santangelo Spoto.

lui succéder, se trouverait placé légalement à la tête de la « masseria » ; à défaut de désignation par le père, ou la mère survivante, les cohéritiers feraient choix eux-mêmes de l'un d'entre eux ; s'il y avait des mineurs, leurs tuteurs ou curateurs participeraient à cette élection ; à défaut du conseil de famille, le nouveau chef serait choisi par le tribunal. Inaliénable et insaisissable, sauf en certains cas juridiques prévus, qui sont réglés de façon à lui laisser toute sa valeur commerciale, cette propriété constituerait à peu près l'équivalent du Homestead américain, du Heimstätte des Suisses et du Höferecht bavarois. « Au-dessus d'elle, conclut très justement l'auteur de la proposition, il ne pourrait et il ne devrait y avoir que la propriété collective des communes et de l'Etat. »

Le « bien de famille » ainsi établi sur ses bases, — pour la conservation et l'accroissement de celle-ci, — le législateur a justement espéré qu'il pouvait lui demander dès lors une extension de son action sociale et économique : il propose d'autoriser les *masserie* à s'unir pour se rendre propres, par l'association, à la grande culture intensive qui est la nécessité de notre temps, et dans ce but il réglemente l'organisation du travail en commun par une série de mesures que je me plais à considérer comme un calque des coutumes de nos anciennes communautés de familles françaises, telles que je les ai ci-dessus reproduites : un chef élu y présiderait à tous les travaux, il administrerait les biens associés et les produits ; une « maîtresse » élue lui serait adjointe : chaque famille resterait propriétaire de sa masseria spéciale, mais elle ne pourrait être disjointe de la communauté que par des moyens de droit spécifiés : tout cohéritier qui ne voudrait ou ne pourrait vivre dans la masseria aurait droit à une part légitime qui lui serait attribuée en rente.

Ce n'est pas tout : par une dernière disposition, l'auteur de ce remarquable projet de loi, nous ramenant en quelque manière à l'origine historique et à la raison première de toutes les communautés agricoles, propose « que tout propriétaire de terres puisse constituer une ou plusieurs *masserie* dans le but de les concéder en emphytéose à telle personne à son gré contre le payement d'une rente annuelle qui pourra être stipulée ou perpétuelle, ou amortissable en cinquante ans... La division des *latifundia* en biens d'une seule famille ou en biens coopératifs, selon que leurs propriétaires le préféreraient, s'opérerait au grand avantage des individus et de la nation... — Si vous voulez créer une démocratie forte et vraie, ajoute-t-il, vous n'avez pas d'autre moyen : le fidéicommis de la petite propriété et la consécration juridique de la masseria deviennent indispensables ».

Et nous, à l'heure où l'association semble vouloir redevenir l'objectif légitime de la vie sociale, quelles réformes allons-nous entreprendre dans cet esprit de fraternité ? par quelle organisation, applicable à la France moderne, tenterons-nous aussi de faire cesser, dans notre monde économique contemporain, cette dispersion du meilleur de nos forces vitales que la loi effectue périodiquement, sous prétexte de liberté[1], par la dissociation de la famille à chaque génération?...

Les communautés de famille sont dissoutes de fait en France[2], ou ne peuvent plus y subsister qu'en tournant les prescriptions de la loi nationale[3]; — nous n'avons pas la liberté de tester, — et à peine osons-nous demander[4], avec quelque chance de succès, qu'une institution analogue au homestead nous permette d'essayer la réorganisation de la famille.

Ne désespérons pas, toutefois; on l'a dit souvent, tout a son tour en ce monde, même la justice : la loi promulguée le 30 novembre 1894, au bénéfice des « habitations à bon marché », tant rurales qu'urbaines[5], ne contient-elle pas les deux articles 8 et 9, qui seront peut-être le germe d'une refonte totale de notre droit successoral, attendu qu'ils permettent l'indivision et une diminution d'impôts, quoique dans des limites de temps et de valeur très restreintes encore. Verrons-nous un jour cette équitable exception devenir le droit commun, comme on nous le fait espérer! En attendant une si bienheureuse réforme, serait-il excessif de demander à notre Démocratie la promulgation d'une mesure législative ainsi conçue : « Toute famille dont le chef viendra à s'éteindre, mais dont les membres consentiront à vivre en communauté de biens, sera dispensée (en tout ou en partie) de verser les droits de mutation. » Puisque cette loi, que Napoléon Bonaparte considérait comme « un sûr moyen de détruire les traditions de la famille[6] », n'a pas la prétention d'imposer le partage des biens de la succession, mais seulement de le rendre licite, elle devrait faire plus et encourager l'indivision : laissant subsister la première de ces deux solutions, la liberté, puisqu'il s'agit, en effet, d'intérêts privés, — elle favoriserait très utilement la seconde, la communauté — en la privilégiant dans un intérêt public, — car il n'est plus à démontrer, je pense, que le morcellement indéfini des héritages a amené la diminution de la natalité et de la production agraire, l'encombrement des grandes villes et l'accroissement du paupérisme par la création d'une classe nombreuse de propriétaires indigents.

François ESCARD.

---

(1) La loi française autorise, mais n'exige pas le partage en nature (voir les art. 832 et 833 du Code civil), mais la jurisprudence incline fortement à ce genre de partage par application de l'article 826. Il semble, en effet, qu'il y ait une contradiction entre ces articles. — *La population française*, par E. Levasseur, t. III, 1892, p. 171, 172.

(2) Dupin, *Le Morran*. « La communauté des Jault. »

(3) *Les Ouvriers des Deux Mondes*, publiés par la Société d'économie sociale, n° 38. *Fermiers à communauté taisible du Nivernais*, par M. de Cheverny.

(4) Proposition de loi Léveillé, du 16 juin 1894; — proposition de loi Abbé Lemire, du 18 juillet 1894 et Rapport à l'Académie des Sciences morales et politiques, du 23 juin 1894.

(5) *Journal Officiel* du 1er décembre 1894. *Travaux préparatoires. Chambre*, exposé des motifs; *Documents*, 1892, p. 534: rapport de M. Siegfried, p. 2226, adoption, 25 mars 1893. — *Sénat, Documents*, 1893, rapport de M. Diancourt, p. 534; délibérations, décembre 1893, novembre 1894. *Retour à la Chambre*, rapport de M. Siegfried, 23 novembre. Adoption, 26 novembre 1894.

(6) Cf. Le Play, *Les Ouvriers Européens*, t. I, p. 409 de l'édition in-8°.

ÉVREUX, IMPRIMERIE DE CHARLES HÉRISSEY

Extrait de la Revue Générale Internationale, Scientifique,
Littéraire et Artistique.
(Mars 1905.)

INSTITUT INTERNATIONAL SCIENTIFIQUE LITTÉRAIRE ET ARTISTIQUE

CETTE MICROFICHE A ETE
REALISEE PAR LA SOCIETE

M S B

1992

www.ingramcontent.com/pod-product-compliance
Lightning Source LLC
Chambersburg PA
CBHW061827060726
47597CB00008B/3396